William McSherry, Edwin A. Dalrymple

Excerpta Ex Diversis Litteris Missionariorum

Ab anno 1638, ad annum 1677 - Extracts From Different letters of

missionaries. From the year 1638 to the year 1677

William McSherry, Edwin A. Dalrymple

Excerpta Ex Diversis Litteris Missionariorum
*Ab anno 1638, ad annum 1677 - Extracts From Different letters of missionaries.
From the year 1638 to the year 1677*

ISBN/EAN: 9783337144371

Printed in Europe, USA, Canada, Australia, Japan

Cover: Foto ©Lupo / pixelio.de

More available books at **www.hansebooks.com**

Fund Publication, No. 7.

(Supplement.)

EXCERPTA

EX

Diversis Litteris Missionariorum.

AB ANNO 1638, AD ANNUM 1677.

EXTRACTS

FROM

Different Letters of Missionaries.

FROM THE YEAR 1638 TO THE YEAR 1677.

EDITED BY REV. E. A. DALRYMPLE, S. T. D.

January, 1877.

PREFACE.

When the Maryland Historical Society, in January, 1874, printed the *Relatio Itineris* of Father Andrew White, with the accompanying documents, in consequence of an imperfection in their manuscript copy, the Latin text of the greater part of the Letters of the Jesuit Missionaries could not be given. The last thirty-nine pages of Publication, No 7, therefore, contain only the translation of the portion of the Letters referred to above.

However, in December, 1875, the original MS. of the Rev. Father McSherry, was found amongst the Archives of Loyola College, in this City; and it was, with the utmost promptness and courtesy, at once offered by the Provincial of the S. J., the Rev. Father Keller, to the Society for transcription. From that MS. the following pages have been carefully copied, and at the same time some corrections made in the text of the other parts of the Publication, from this original.

The figures in the text refer to the corresponding pages of the translation; e. g. (61.) means page 61 of Publication, No 7, &c.

A few Notes have been added, wherever it has been deemed judicious, to call attention to some emendation of the text, or more accurate expression of the meaning of the original.

The Editor is indebted to the pains and courtesy of a Reverend friend, for thirty years Missionary of the S. J. amongst the Odjibwa Indians of the North-West, for the interpretation, according to the language of that people, of the Indian proper names, which occur in the Journal of Father White, and the Letters of the Missionaries. The Odjibwa language is a close dialect of the parent stock language, of which that spoken by the Indians of Maryland, Virginia and Eastern Pennsylvania was a member.

E. A. D.

(61.) formavimus ad pietatem, fructu non pœni-
tendo: in uno autem singularem Dei providentiam
et misericordiam veneramur, quæ hominem pluri-
mis in mundo difficultatibus implicatum, et jam
demum (62.) in Virginia absque animæ suæ subsidio fere semper viventem, ad hæc exercitia non diu
ante obitum suscipienda induxit: Ex quibus ille
tantum profecit, ut de optima ratione vitæ deinde
traducendæ secum statuerit. Hanc cogitationem
vehemens morbus excepit, quem ille summa cum
patientia tulit, animo plerumque in Deum fixo, ac
tandem sacris omnibus rite susceptis, placidissime
præter morem reliquæ vitæ, quæ molestiis ac in-
quietudine plena fuit, animam Creatori reddit.

Mortua est etiam nobilis matrona, quæ inter
primos in hanc coloniam veniens, animo plusquam
fæmineo difficultates omnes, et incommoda pertu-
lit. Multæ orationis erat, salutis proximorum cu-
pidissima, bene disponendæ familiæ, absolutum
tam in se, quam in domesticis exemplar, vivens
societatis nostræ studiosissima, moriens eidem be-
nefica: cujus memoria apud omnes ob egregia tum
virtutum reliquarum, tum charitatis præsertim erga
ægrotos exempla in benedictione est.

INCERTUS AUCTOR ANNO 1639.

Versantur in hac missione Sacerdotes quatuor,
coadjutor unicus. Omnes locis longe dissitis, ideo
nimirum, quod sic et peregrinæ linguæ notitiam

2

celerius parari, et sacram Evangelii fidem latius propagare sperent. P. Joannes Brocus superior cum (63.) fratre coadjutore in praedio commoratur. Metapannayensi, quod nobis a Maquacomeno rege Patuxensi attributum, quaedam est missionis hujus cella penaria, unde pleraque subsidia corporum suppeditantur. P. Philippus Fisherus in praecipuo degit coloniae oppido, cui a S⁑ Maria nomen inditum. P. Joannes Gravenerius in insula versatur Cantiana, inde millia passuum sexaginta. P. Andraeus Vitus longius adhuc abest, millia passuum centum et vinginti, Kittamaqundi scilicet, Pascatoae metropoli, apud ipsum loci imperatorem, quem Tayacum appellant, in regia diversatus a Junio mense anni 1639. Causa Patri eo proficiscendi hujusmodi fuit.

Multum is operae et temporis in conversione Regis Patuxensis posuerat, quae nimirum votis omnibus expetebatur, tum ob memoriam beneficii accepti (ille enim ut dictum est praedium societati donaverat), tum quod prudentiae opinione atque auctoritate plurimum inter barbaros pollere ferebatur: jamque ubi initia se dederant, optatus rei exitus futurus brevi sperabatur. Nonnulli quippe regis clientes se ad Christum aggregaverunt, ipseque rudimentis fidei abunde institutus videbatur, cum ecce infelix, primum procrastinare, deinde sensim defervescere, postremo a suscepto consilio palam, penitusque desciscere coepit. Neque hoc

(64.) tantum, sed animi etiam indicia a tota uni-
versim colonia alieni haud obscura dedit. Quam
Gubernator prudenter odoratus, de suorum consilio, Patrem a Regis hospitio avocandum censuit,
ne vel inopinato barbarus aliquid perfidiae suae et
crudelitatis exemplum in innocentem ederet, vel
certè ne hoc quasi obside apud regem relicto, im-
pediretur ipse, quominus arbitratu suo persequi
injurias posset, si quando palam se Patuxensis
hostem proderet.

Cum Imperatores regesque memorantur, nemo
animo fingat augustam virorum speciem, qualis
aliorum est in Europa Principum. Indici enim
hi reges, quamvis summam vitae necisque potesta-
tem in suos habeant, et quadam honoris, opum-
que praerogativa anteant caeteros, cultu tamen cor-
poris prope nihil a vulgo recedunt. Illorum pro-
prium, quo a plebe secernas Principem, gestamen
est, vel torques e gemma rudi contextus, vel balteus,
vel chlamys subinde conchis distincta orbiculatis.
Horum regna angustis plerumque unius oppidi
atque agri adjacentis circumscribuntur finibus;
quanquam Tayaco multo latior dominatio est, (65.)
ad millia passuum centum circiter et triginta, pro-
tensa, cujus etiam imperio obnoxii sunt alii reguli.

Ad hunc, Moquacomeni desperata salute, se P.
Andreas contulit, et ab eo, vel ipso primo con-
gressu perbenignè habitus, usque adeo sibi de-
vinxit virum, ut exinde in summo apud eum tum

8

amore tum veneratione fuit. Cujus rei vel id maxime argumento est, quod Patrem nullo alio præterquam ædium suarum hospitio uti voluerit. Neque quidquam Imperatrix conjugi suo de benevolentia in hospitem concedit, quippe quæ manibus suis (quod etiam Thesaurarii uxor libenter factitat) et cibos ei condire, et panem pinsere, non minori cura, quam opera consuevit. Hujusce tam singularis in Patrem amoris causa, ad duo somnia (nisi alio nomine dignanda censeas) accepta referenda est. Alterum Uwanno oblatum germano Imperatoris fratri, quem ante se regnantem e medio sustulit. Is enim secundum quietem visus est P. Vitum et P. Gravenerium coram intueri, vocemque insuper audire monentem: hos deinque viros esse, qui ipsum cum gente sua universa ex animo deligerent atque ea secum bona deferrent, quibus si vellet, beatus esse posset. Hinc tam viva ignotorum hominum species in mente ejus impressa resedit, ut vel primo (66.) aspectu ad se venientes noscitaret, quos deinceps singulari semper benevolentia complexus est, solitus etiam P. Vitum parentis compellare nomine, cui et filium sibi apprimè carum (ut est gens omnis liberorum amantissima, nunquam fere eos a complexu dimittens) ad septem annos tradere in disciplinam voluit. Alterum Tayaco ostensum fuit, quod crebris ipse solet usurpare sermonibus: quiescenti sibi, nimirum, hinc suum patrem vita defunctum ob

oculos versari visum, deo comitatum quem coleret,
coloris obscuri, obtestante ne se desertum vellet:
illinc adstare cum suo deo longe teterrimo Snow-
um quendam, pertinacem ex Anglia haereticum: ex
alia deinque parte coloniae praefectum et P. Vitum
objici, comite etiam Deo, sed multo pulcherrimo,
qui vel intactam nivem candore anteiret, visus
etiam imperatorem ad se blande allicere. Ex eo
tempore tum Praefectum tum Patrem eximio amore
prosequutus est.

Haud ita multo post P. Viti ad aulam adventum,
gravi morbo in discrimen adductus est Tayacus,
cumque arioli quadraginta, remedia omnia frustra
tentassent, Pater cum bona aegrotantis venia me-
dicinam adhibuit, pulverem nempe quendam notae
virtutis, aqua benedicta attemperatum (67.) curavit-
que postridie a puero, quem secum habebat, ei
venam incidi ad sanguinis emissionem. Hinc aeger
melius in dies coepit habere, nec ita multo post
plane convaluit. Ex morbo recreatus, omnino con-
stituit secum Christianis Sacris quamprimum ini-
tiari, neque ipse tantum sed conjux etiam, et filiae
duae, cum necdum ei sit ulla mascula proles. In
eorum institutionem nunc sedulo incumbit P. Vitus;
neque illi segniter caelestem capessunt doctrinam.
coelitus enim infuso lumine, veteris vitae errores
dudum compertos habent. Pelles quibus hactenus
induebatur Imperator, cum veste commutavit ad
modum nostrum accommodata; nonullam etiam

dat operam linguae nostrae ediscendae. Relegatis
a se pellicibus, una degit contentus uxore, ut eo
liberius, (sic ait enim) Deo vacet. Iis diebus carne
abstinet, quibus legibus Christianis id cautum est,
et homines haereticos secus facientes, vel eo nomine
malos christianos censet habendos. Sermone spiri-
tuali admodum delectatur; et sane terrenas opes
prae celestibus nihili ducere videtur: ut aliquando
apud Gubernatorem professus est, quo ei demon-
strante, quanta commoda ex Anglis (68.) mutua
mercium permutatione percipi possent, nae ego,
inquit, isthoc parvi facio prae hoc uno emolumento,
quod iis auctoribus, in veram Dei unius notitiam
pervenerim, qua non aliud mihi magis in votis est,
aut unquam esse debebit.

Non ita pridem cum regni conventus ageret,
in frequente procerum consessu, plebisque corona,
praesentibus P. Vito, et nonnullis Anglis, publice
testatus est, consilium sibi esse, una cum conjuge,
liberisque, abjurata superstitione patria, Christo
nomen dare; non enim aliud uspiam haberi nu-
men verum, quam apud Christianos, neque alibi
immortalem hominis animam vindicari ab inte-
ritu posse: lapides vero et herbas, quibus hactenus per mentis caecitatem ipse cum iis divinos
honores tribuisset, res esse infimas a praepotenti
Deo in usum subsidiumque humanae vitae pro-
creata. Quo dicto, lapidem, qui forte ad manum
erat, pede protritum longe abjicit a se. Satis in-

dicavit secunda populi admurmuratio, quam non
alienis auribus isthæc audiret. Enimvero spes
summa est, familia Imperatoria baptismo lustrata,
universi imperii conversionem in proclive fore.
Interea tam læta rerum principia Deo gratulamur
impensè. (69.) recreamurque præcipue, spectantes
quotidie ea nunc idola dynastis contemptui esse,
quæ nuper in Deorum numero reponebantur.

Alia res non levis memoratu. Imperatorem baptismi cupiditate jamjudum accensum inflammabat
magis. Indus quidam, cæso per injuriam Anglo,
homicidii reus agebatur, et etiam neci dedendus
erat, eo potissimum tempore, quo Tayacus, comite
P. Vito, ad coloniam veniebat. Miserum morti
destinatum hortabamur, ut Christianis sacris ante
mortem rite susceptis, æternæ animæ saluti con-
sultum vellet. Cum ea in re minimè visus esset
difficilem se præbere, quantum per sermonis facul-
tatem licuit, inclinatum hominis animum in nostram sententiam quoquo modo impellere niteba-
mur. Sensit puis Imperator nos linguâ laborare;
quare sponte operam detulit suam pro negotio
conficiendo. Neque fidi tantum interpretis fungi
munere non est gravatus, ea ipsa homini ingerens
quæ a Patre Vito inculcanda acceperat, sed de suo
etiam nonulla adjecit tam apposita, tamque effica-
cia, ut et præsentibus admirationi fuerit, et ipsum
denique Indum ad Catholicos partes traduxerit:
qui scientia necessaria imbutus (70.) et sacro fonte

ablutus, ad mortem se comparabat, eo maxime modo, qui ipsi præscribebatur. Et vero tam vehementi Deum videndi desiderio teneri videbatur, ut supplicium maturari paullo avidiùs eum credidisses. Eximia in ore alacritas eminebat; crebro salutari crucis signo se muniebat; sæpe asseveranter repetebat, quæcumque vel faceret vel diceret non ad speciem tantum fictè simulari, sed ex intimo animi sensu ac sino proficisci. Ut ad supplicii locum perventum est, hilari vultu quæsivit an sibi in obitu canendum esset, et cum responsum daretur, Sacrosancta Jesu et Mariæ nomina potius pie usurpando, eos sibi in supremo discrimine propitiaret, monentibus paruit impigrè, et eodem fere momento et vitam et pias voces, præcludente spiritum suspendio, dimisit. Mortuus in cæmeterio nostro humatus est ritu quam solemnissimo, ut vel inde intelligerent Barbari, maleficorum licet scelera execrantes, meritis ea pœnis vindicent Christiani, eorum tamen animas ipsos charas habere, facileque illis conciliari si quando resipiscant. Et certè hujusmodi exemplum clementiæ et charitatis (71.) in defunctum tanto vehementius eos perculit, quanto ab eorum moribus abhorrebat magis, qui nimirum hostes suos crudelissimè mactatos amicis solent epulandos apponere.

Nemo tamen Tayaco vehementius spectaculo neophyti morientis commotus fuit, quippe qui

exinde impensè institit ut extemplo sibi fieret
baptismi copia. Re tamen in consiliis agitata, e
majori Dei gloria futurum videbatur, si tantisper
id deferretur, dum apparatu splendido in summa
celebritate, atque in oculis popularium paragi posset, conjuge etiam liberisque in partem tum felici-
tatis tum lætitiæ venientibus.

Imperator tandem multis Catholicorum obse-
quiis delinitus, et prolixa eorum hospitalitate admodum delectatus, eodem P. Vito comite, domum
revertitur, quo simul ac pervenit, negotium dat
suis templum apparent in Pentecosten proximam,
tempus scilicet baptismo præstitutum. In eundem
diem Kittamaquundum cogitant Gubernator, cæ-
terique Coloniæ Primores, Christiana vidilicet sacra
et alteros meliores Tayaci natales præsentia sua, et
aliisque quibuscunque poterunt modis, cohonesta-
turi. Faxit benignus Deus, ut omnibus ea res
vertat bene, sibi utique in gloriam, nobis in meritum, genti universæ in salutem.

(72.) Qui animo terrarum orbem circumspexerit,
nusquam fortasse reperiet homines, his Indis in
speciem abjectiores, quibus tamen animæ sunt, si
lytrum attendas a Christo persolutum, cultissimis
Europæis nihilo viliores. In vitia quidem pro-
clives sunt, ut in tantis ignorantiæ tenebris, tanta
barbarie, tamque soluto et vago vivendi modo,
haud ita multa: Suopte tamen ingenio mansueti
sunt, nec nisi raro in iis animi appetitiones inso-

3

lentius efferri animadvertas. Aerumnarum pati-
entissimi sunt: contemptum injuriasque facile con-
coquunt, modo citra vitae discrimen haec steterint.
Idola vel nulla vel rara habent, quorum cultui
magnopere addicuntur: neque apud eos sacerdotes
aut Mystae sunt, ad quos ex instituto sacrorum
spectat procuratio, quamvis non desint qui super-
stitiones interpretantur et populo venditant; sed
et hi in vulgus nullo sunt numero. Unum coeli
Deum in confesso habent, diffitentur tamen scire
se quî colendus, quî honorandus sit: ex quo fit ut
hujusmodi scientiam edocentibus faciles commo-
dent aures. Raro illis in mentem venit immor-
talitatis animae, rerumve a morte obita futurarum.
Si quando tamen (73.) magistrum dilucide hoc
enucleantem nanciscantur, perattentos juxta do-
cilesque se praebent: et mox ad animae curam serio
convertuntur, prompti utique ad ea paranda, quae
ad ejusdem salutem facere intellexerint. Ratione
facile ducuntur, nec assensum pertinacius susti-
nent a vero proposito credibiliter. Haec genti
innata indoles opportunis divinae gratiae praesidiis
sublevata, spem facit optatissimae aliquando messis, nosque ad labores in hac vinea continuandos
summopere animat. Atque eadem profecto, iis
omnibus incitamento esse debebit, qui in posterum
Dei nutu supplementi aut auxilii huc ad nos trans-
miserint.

Ad Indicae messis spem accessêre etiam fructus non contemnendi a colonia popularibusque percepti; ad quos solemnioribus quidem anni diebus conciones habentur. Dominicis vero catechismi explanatio. Non Catholici tantum frequentes confluunt; verum etiam haereticorum plurimi haud sine operae pretio; si quidem hoc anno, omnino duodecim pristinos pertaesi errores in gratiam cum Deo et Ecclesia rediere. Rem divinam quotidie facere non cessant nostri et sacramenta, prout res postulat, dispensare accedentibus: (74.) valentibus denique, aegris, afflictis, et moribundis consilio, auxilio et quacunque demum ope praesto esse contendimus.

Auctor Incertus, Anno 1640.

In hac missione fuimus hoc anno sacerdotes quatuor cum uno coadjutore. Retulimus superiore anno quid Spei concepissemus de convertendo Tayaco, seu Imperatore ubi vocant Pascatoe. Ex eo tempore quae Dei est benignitas spem eventus non fefellit. Accessit enim ille adductis etiam nonnullis aliis ad fidem nostram, ac 5 Julii 1640 cum fidei mysteriis satis esset imbutus, solemni ritu sacram undam excepit in sacello, quod ob eum finem, divinumque cultum e corticibus, pro Indorum more, erexerat. Hoc eodem tempore uxor ipsius cum lactente infantulo, aliisque ex primariis quem ad consilia praecipue adhibebat, cum suo item parvulo filio baptismi fonte renati sunt. Imperatori, qui antea Chitomachen audiebat, Caroli nomen, uxori autem Mariae inditum fuit; reliqui cum christianâ fide Christianorum nomina sortiti sunt. Aderat Solemnitati Gubernator una cum Secretario, aliisque pluribus; (75.) nec ad magnificentiam quidquam deerat, quod nostra exhibere facultas poterat. Post meridiem, Rex et Regina matrimonium Christiano more inivere; sacra deinde crux magnitudinis haud modicae erecta est; cui ad destinatum locum ferendae Rex, Gubernator, Secretarius et reliqui manus humerosque accommodarunt: duobus interim e nostris Litanias in honorem B.ae Virginis praecinentibus. At non multo post P. Andraeus Vitus ac P. Joannes Gravenerius suas etiam cruces haud paulo graviores experti sunt. Nam P. Vitus dum in peragendis sacri baptismi caeremoniis quae longiusculae erant, incaluisset, in alium denuo incidit, qui eum ad exeuntem usque hyemem tenuit. At P. Gravenerius pedum officio ita destitutus est, ut ne vestigium quidem possit humi defigere: convaluit tamen et ipse, licet postea apostemate laborans, paucorum dierum spatio, 5 Novembris extinctus est.

Cum ex praeteritae aestatis nimia siccitate fames apud Indos ingravesceret, ne eorum negligere corpora videremur, ob quorum curandas animas tantum iter emensi sumus, licet caro admodum

pretio frumentum venderetur, eorum tamen sub-
levare inopiam panes eisdem subministrando necesse duximus. Has inter (76.) curas simul etiam
rebus missionis stabiliendis intenti majorem hyemis
partem exegimus. Decimo quinto Februarii Pas-
catoem appulimus, non sine incolarum præcipua
quadam gratulatione et gaudio, qui sane videntur
ad recipiendam fidem Christianam bene animati.
Haud ita pridem Rex septennem filiam quam
unice deligit ad S.ⁿ Mariæ inter Anglos educan-
dam duxit: atque, ubi Christiani mysteria probe
perceperit, sacro baptismatis fonte tingendam.
Consiliarius etiam, cujus supra meminimus quam
in se Dei benignitatem expertus est in suos deri-
vari cupiens, nihil magis in votis habet, quam ut
uxor et filia salutaribus aquis admoveantur; cujus
æquissimo desiderio post congruam instructionem
Deo juvante fiet satis. Quin et Rex Anacostano-
rum, cujus territorium non longe dissitum est,
secum ut unus e nostris commoretur expetiit. Ex
quo non obscure constat segetem minime defuturam
nostris, in qua operam cum fructu ponant: quin
potius verendum ne colligendæ tam copiosæ messi
operarii defuturi sint. Sunt et alia oppida proxime
adjacentia, quæ haud dubie si quis illis æternæ
vitæ verbum impertiret, ad veritatis Evangelicæ
lucem prompte alacriterque accurrerint. (77.) Sed
nostris hic adhuc integrum non est aliis adducendis
studere, ne nimium cito novellum hunc gregem

deserere videantur. Nec timendum iis erit qui subsidio mittuntur, ne vitae subsidia desint, cum is, qui vestit lilia et volucres pascit, illius amplificando regno incumbentes a necessariis praesidiis desertos non sit passurus,

P. Philippo Fishero qui jam St. Mariae coloniae residet nihil accidisset laetius, quam si Indicae messi impendere se per eos licuisset, qui illius opera carere nequaquam possunt: Stetit tamen optima voluntati suae merces; dum enim quinque illi, de quibus supra fuit sermo, baptismi aqua inter Indos lustrantur, totidem, illius adnitente industria, sub idem tempus ab haeretica pravitate in Ecclesiae gremium reducuntur. Qui in Colonia degunt Catholici, iis pietati non cedunt qui in aliis regionibus versantur, morum autem urbanitate, eorum judicio, qui alias obiere colonias, multum iis censentur anteire. Ubique spes messis affulget, et dum quisque nostrum, (78.) pro suo marte nunc his, nunc illis juvandis incumbit, varia intercurrunt memoratu digna: ex quibus duo potissima, reliquis prolixitatis vitandae causa praetermissis, hic ponentur: in quorum altera divina misericordia eluxit, in altero justitia.

A. D. 1640. Quo die haeresin quidem erat ejuraturus, et peccata anteactae vitae per confessionem expiaturus eo absente in interori parte domus concepta flamma per postem transcurrens ad fastigium usque evaserat. Re animadversa (non enim longe aberat) vicinum subito compellat, nihil tamen opus reperit: ad alium igitur currit, ubi duos solummodo una irent invenit, et licet toto hoc tempore arderet ignis, domusque ex asseribus siccis esset constructa, prius tamen ei subventum est, quam incommodi quidquam gravioris accideret. Timebant nonnulli ne casu hoc inopinato a conversione deterrendus esset. Longe tamen secus evenit. Domo enim propemodum illæsa, argumentum inde sumpsit Dei sibi propitii, suumque propositum manifesto indicio comprobantis. Quare susceptam fidem cum insigni morum mutatione conjungens, suavissimum (79.) boni exempli odorem in eos qui cum ipso versantur diffundit.

Quidam cum Dei quosdam interiores impulsus senserit ad fidem, spærulas sibi præcatorias conquisiverat: at postea mutato animo easdem in pulverem contusas tubæ una cum suo tobacco in fumum resolutas haurire consuevit, sæpe jactitans quo facto sua Ave Maria (sic enim globulos illos vocitabat, quorum ad numerum Angelica salutatio recitatur) comederet. At non diu vindicta divina scelestum facinus inultum reliquit. Anno enim vixdum elapso, redeunte illius diei pervigilio quo propositum suscipiendæ Catholicæ fidei abjecerat petulantius quam alias unquam (prout a sociis animadversum est) sacrilegum scomma usurpavit. Pomeridiano igitur tempore cum natandi causa ad flumen se contulisset, vixdum aquas attigerat, cum ingens piscis nefarium hominem ex improviso adortus, antequam se recipere in ripam posset, magnam femoris partem morsu avulsit: cujus justissimae lanienae acerbitate, intra breve temporis spatium, infelix homuncio e vivis expulsus est: id agente scilicet divina justitia ut qui paulo ante Ave Marianos globulos se devorasse gloriabatur, proprias carnes etiamnum vivus devoratas cerneret.

(80.) Auctor Incertus, Anno 1642.

In missione Marylandiae tres tantum anno 1642 jam elapso habuimus socios, eosque sacerdotes: quorum unus tremestri etiam aegritudine fuit impeditus. Is fuit P. Rogerius Rigbaeus: reliqui duo P. Philippus Fisherus Missionis Superior, et P. Andraeas Vitus. Qui majoris fructus colligendi causa sese in varia loca dispertivere. Sup P. Philippus in S. Mariae praecipuo coloniae oppido majori ex parte mansit, quo cum Anglis, qui frequentiores ibi degunt, tum etiam Indis, non procul degentibus, atque etiam illuc aliunde adventantibus, consuleret. P. Andraeas se ad pristinam Stationem Pascatavii contulit. P. autem Rogerius ad novam Residentiam quam Patuxen vulgari idiomate appellant, abibat, quo facilius Indicam linguam addisceret, aliquos etiam neophytos magis in fide erudiret ac confirmaret; fidei

Presented to the Church Historical Society of America by Mr. Cantuar.
Lambeth Palace
Dec. 6. 1876.

que semina latius ad magni illius ripam spargeret.

Laborum fructus hic fere fuit. P. Andræas nonnihil molesti a duro ac difficili Novæ Angliæ navarcho passus, quem sui et rerum necessariarum transferendarum causa conduxerat, (80.) a quo non sine causa postmodum timebat, ne, vel in mare demergeretur, aut una cum rebus suis, in Novam Angliam Puris, viris Calvinistis hoc est, totius hæreseos Calvinisticæ refertam deferretur. Deo rem tacitus commendans, tandem salvus appulit Patomacum, vulgo dicunt Patomake: quo in portu ubi primum anchoras jecerant, navis ingenti gelu ita constricta hæsit, ut septemdecim dierum spatio, loco non posset moveri, cum interim Pater, glacie seu terra incedens, in oppidum abiisset, cumque gelu solveretur, navis glaciei vi impetuque abacta et collisa subsedit, bonis tamen magna exparte receptis.

Hoc casu Pater diutius in itinere, 9 scilicet hebdomadas, detentus est. Necesse enim habuit aliam navim a S.ª Maria appetere. Moram autem istam spirituale animarum lucrum facile compensabat. Adjunctus enim est Ecclesiæ isto spatio, istius oppiduli Dominus cum aliis præcipuis ejusdem incolis, fide Christi ac baptismo suscepto; uti et alter cum plerisque suis; tertius item cum uxore, filio et alio quodam; quartus tamen cum alio apud suos non ignobili loco. Quorum exemplo populus

4

(81.) paratus est ad fidem amplectandam, cum primum vacuum nobis fuerit eum catechismo imbuere. Nec multo post juvenis imperatrix (ut ipsi cam appellant) Pascatavii in S^{tæ} Mariæ oppido baptizata fuit, ibique educatur, jamque Anglicam linguam probe callet. Eodem fere tempore, oppidum dictum Portobacco majori ex parte fidem cum baptismo suscepit. Quod cum ad flumen Pamacum (Pamake appellant) in medio fere Indorum positum sit, eoque ad excursiones inde in omnes partes commodius. Statuimus illic Residentiam collocare; idque eo magis quo veremur ne Pascatavium deserere cogamur, propter vicinitatem Sesquehannorum, qui populus est harum regiorum maxime ferox et bellicosus, atque Christianis infensus: jamque impetu in locum quendam nostrum facto, homines quos illic habuimus necarunt, bonaque magno nostro damno asportarunt. Ac nisi armorum vi comprimantur (quod minime speramus ob variantes inter se Anglorum sententias) tutum illic nobis non erit. Quare excursionibus contentas esse oportet; quales plures hoc anno in ascensu fluvii, quem Patuxen dicunt, habuimus, ex quibus hic fructus extitit: (83.) conversio scilicet juvenis Reginæ illius loci oppidi, nempe ipsi fluvio cognominis ejusque matris: juvenis item Reginæ Portobacco uxoris duorumque liberorum magni Tayac, ut ipsi vocant, hoc est imperatoris, qui superiore anno vita functus est; aliorum insuper

centum et triginta. Modus excurrendi hic est.
Navigio seu lembo vehimur. Pater scilicet in-
terpres et famulus: (interprete enim utimur ut
postea dicetur) quorum duo remis, cum ventus
vel adversatur vel deficit, naviculam impellunt,
tertius clavo dirigit: ferimus una cistulam panis,
butyri, casei, farris ante maturitatem exsecti atque
siccati, fabarum et exigui farinae. Alteram etiam
utribus deferendis, quorum unus vini ad celebran-
dum, sex aquae ad Baptismi usum benedictae. Cap-
sulam cum suppellectili sacra: et tabulam seu
altare sacro faciendo; alteram etiam plenam re-
culis, quas Indis ad eos conciliandos damus, ut
sunt campanulae, pectines, cultelli, hami pisca-
torii, acus, filum, et caetera hujusmodi. Habemus
etiam Stoream parvam, cum sub dio cubandum,
(quod frequens est.) aliam etiam majorem pluviae
arcendae idoneam: famuli etiam aliqua deferunt
venatui necessaria, (84.) eique in cibum postmodum, si quid ceperunt, parando. In itineribus
conamur, quantum possumus, vesperi ad domum
aliquam Anglicarum vel Indorum oppidum ap-
pellere: sin minus, excendimus, et Patri quidem
incumbit naviculae cura, ut firmiter littori allige-
tur, deinde ligna colligendi ignemque struendi,
interea dum alii duo venatum abeunt, ut si quid
capiant paretur; sin minus, nostris nos cibis re-
ficientes juxta focum cubantes somnium capimus.
Si pluviae metus immineat, mapale erigimus, store-

aque majore injecta tegimur; nec animo minus
laeto, Deo sit laus, tenui victu duroque lecto hic
utimur, quam commodiore in Europa: Præsenti
scilicet Solatio, quod Deus tamquam arrham ejus,
quod in futuro daturus est, fideliter in hac vita
laborantibus, nobis impertit, dulcedine quadam
difficilia omnia aspergit, præsertim quod divina
ipsius majestas supra communem modum nobis
adesse videatur. Nam spectata linguæ hujus diffi-
cultate, tantâ ut nemo nostrum adhuc sine interprete Indos alloqui possit. (Quanquam P. Rogerius Rigbæus in tantillum assecutus est, ut speret
se brevi posse iis de rebus familiaribus agere,
eosque quantum satis est ad Baptismum suscipien-
dum, instruere (85.) brevem enim catechismum
interpretis ope jam composuit.) hic, inquam, spec-
tato mirum videri debet, nos quidquam apud ipsos
efficere potuisse, præsertim cum alium non habea-
mus interpretem, præterquam juvenem, qui eorum
linguam non adeo peritus sit, quin aliquando risum
ipsis moveat; sic ut animos aliquando pene des-
pondere videremur, patientiâ tamen superamus, et
paulatim ad id quod volumus eos pertrahimus.

Visum est etiam Divinæ bonitati, virtute suæ
crucis quiddam supra Naturæ vires efficere. Res
ita se habuit, Indus quidam a Patria dictus Anacos-
tianus, jam Christianus, dum iter cum aliis per
sylvam quandam faceret, comitibus paululum præ-
cedentibus, quidam barbari illius populi, quem

antea dixi, Sesquehanni ex insidiis eum improviso
adoriuntur, hastâque ex ligno locustâ dicto forti
et levi, ex quo arcus suos faciunt, ferrea cuspide
oblongâ, de latere in latus, dextro scilicet in sinis-
trum uno palmo, sub axilla prope ipsum cor per-
fodiunt, foramine utrinque duos digitos latos, ex
quo cum homo subito corrueret, inimici ocyssimè
fugiunt, amici autem, qui processerant, (86.) inopinato strepitu et clamore revocati, redeunt, subla-
tumque e terra ad navem, quæ non procul aberat,
indeque domum suam Piscatavii deferunt, ac elin-
guem et absque sensu relinquunt. Re perlata ad
P. Vitum, qui prope forte aberat, is sequente mane
accurrit, hominemque reperit jam pro foribus in
storea prope focum depositum, et corona popularium suorum cinctum; non quidem omnino elin-
guem, vel sine sensu, ut pridie, sed mortem certis-
simam in momenta pene singula operientem, et
voce lugubri una cum amicis astantibus (ut moris
est præclariore hominum istorum generi cum certo
creduntur morituri) canentem. Ex amicis autem
aliqui erant Christiani, voxque illorum, quam
musicè quidem, sed mæsto vocis flexu modulaban-
tur, ea erat; vivat Deus, si ita tibi placitum fuerit:
eamque identitem repetebant. Donec Pater mori-
bundum affari aggrederetur: qui Patrem protinus
agnovit, eique vulnera sua ostendit: cujus Patrem
magnoperè miserebat: verum cum adverteret peri-
culum præsentissimum esse, omissis aliis, breviter

fidei capita percurrit, ac dolore peccatorum excitato, ejus confessionem accepit: deinde (87.) animum ejus spe ac fiducia in Deum erigens, Evangelium quod super aegrotos legi solet, necnon Litanias B. Virginis Lauretanas recitavit, docuitque sanctissimis ejus precibus se commendare, sacratissimumque Jesu nomen sine intermissione inclamare.

Deinde Pater reliquas Sacras Sm^æ Crucis, quas in theca ad collum appensas gestabat, sed jam detraxerat, ad vulnus utrinque, ante discessum, applicans (nam discedere oportebat ad senem quendam Indum, qui ante crastinum moriturus certo putabatur, baptismo impertiendum) monuit adstantes ut cum spiritum ultimum reddidisset, ad Templum, Sepulturae causa, deferrent. Jam Meridies erat cum Pater discedebat, ac die sequenti, eadem horâ, cum forte navicula veheretur, videt duos Indos naviculam remis se versus impellentes, eumque appulissent; alter eorum pedem infert in eam, in qua Pater erat. Qui dum hominem fixis oculis cunctabundus intueretur (ex altera enim parte facile ex facie eundem, quis esset agnoscebat, ex altera vero dubitabat, memor in quo statu eum pridie reliquerat) is, subito explicato pallio vulnerumque cicatricibus, (88.) seu potius rubra utrinque macula, quasi vulneris vestigia, ostensa, dubitationem omnem protinus eximit: verbis praeterea magno cum gaudio exclamat, se omnino sanum, neque ab ea hora, qua Pater heri discesserat, se

desiisse sanctum nomen Jesu invocare, cui recupe-
ratam valetudinem tribuebat. Omnes, qui cum
Patre in navicula erant, rem omnem et oculis et
auribus usurpantes, in Dei laudem et gratiarum
actionem erumpentes, magnopere hoc miraculo ex-
hilarati, et in fide confirmati sunt. Pater, vero
hominem admonens, ut, memor semper tanti tamque manifesti beneficii, gratias agat, nomenque illud
Sanctiss^m. Sanctissimamque crucem amore ac ho-
nore prosequi denuo pergat, eundem abs se dimit-
tit. Ille igitur rediens cymbam suam una cum
altero fortiter remo impellebat, quod, nisi sanus
et viribus integer, non potuisset. Haec summa est
laboris simul ac fructus hujus anni: unum tamen
restat non omnino omittendum, parce tamen liban-
dum; istuc scilicet, non defuisse patientiae occasio-
nem ab iis, a quibus potius auxilium et tutelam
sperare aequum fuerat; qui in res suas nimium
attenti, (89.) Ecclesiasticam immunitatem violare
non sunt veriti, operam dando, ut leges olim istius
modi in Anglia perperam latae et servatae, hic simi-
liter vim suam obtineant. Ne cui scilicet personae
vel communitati etiam Ecclesiasticae liceat, quavis
ratione, etiam dono quidquam terrarum acquirere
aut possidere, nisi licentia magistratus civilis prius
habita. Quod cum nostri dicerent Ecclesiae legibus
oppugnare, missi sunt ex Anglia duo Sacerdotes
qui contra dicerent. Sed contra quam putabatur
factum est. Nam nostris rationibus auditis, reque

ipsa clarius perspecta, in nostram sententiam facile
concessere, et plerisque etiam laicis. Coronidis loco
illud addo, duos alios recenter huc ex Anglia magno
solatio nostro advenisse, post navigationem moles-
tam quatuordecim hebdomodarum, cum alioqui
non soleat esse nisi sex vel octo. Sed de iis corum-
que laboribus ac fructu alias, si Deus dederit.
Speramus quidem cum fore copiosum, quantum
augurari licet ex eorum fervore, animorumque inter omnes consensione, cum illud certissimum sit
Ejus in nobis existentis indicium, qui est summa
unus, totiusque unitatis principium.

(90.) A. D. 1654. In Marylandiam hoc anno
destinatus P. Franciscus Fitzherbert arduam ex-
peditionem, et laboriosum atque longinquum iter,
inter ignotos homines moribus ac religione discre-
pantes, sine comite, singulari animi magnitudine et
alacritate, ad primum moderatoris nutum ingressus
est. Nec defuit toto itinere ex fiducia in Deum et
patientia copiosa in meritum seges. Quatuor simul
Anglia solverunt navigia, quae, occidentales insulas
praetervecta atrox accepit tempestas, et navem
quidem qua Pater vehebatur, tam violenti quassa-
runt fluctus, ut frequenti ruina fatiscens, deploratam pene traheret sentinam. Enimvero egerendæ
exhauriendæque aquae, quaterni simul homines, non
e nautica solum turba, sed etiam vectorum, sua quique vice, ad vastam antliam perpetuum laborem
dies ac noctes exudabant. Quare commutato cursu

in insulam, quam Barbados Angli appellant, vela
vertere animus fuit, deserta cum mercibus oneraria,
scaphae se committere. Sed illud quoque intumes-
cens adversis flatibus pelagus, (91.) et immanes
undarum moles prohibuerunt. Plurima mortis
imagine omnium oculis obversante, exitu metum
familiaris jam metuendi consuetudo pene excluse-
rat. Duos omnino menses tempestas tenuit, unde
non maris aut coeli vi, sed sagarum maleficio ex-
citatam opinio fuit. Protinus mulierculam vene-
ficii suspectam arripiunt, et durissima examina-
tam quaestione, (jure an injuria?) De summo malo
suspectam necant. Cadaver, et quidquam ad illam
pertinuit, in mare effundunt, non tamen ideo aut
vim venti, aut furens Oceanus minas remittit.
Accessit ad tempestatis incommoda morbus, qui
per singula pene grassatus capita, non paucos ex-
tinxit. Verumtamen Pater nisi quod vehementiùs
versanda et exercenda antlia, dierum aliquot febri-
culam contraxit, ab omni contagione intactus et
immunis extitit. Multiplici perfuncta tandem
miserante Deo praeter omnium spem Marylandiae
portum oneraria tenuit.

A. D. 1656. In Marylandia hoc proximè supe-
riori anno nostri gravi defuncti periculo, magnis
difficultatibus et angustiis sunt conflictati, (92.) et
acerba tum ab hostibus perpessi, tum a suis. Angli, qui Virginiam incolunt, in Marylandiae colonos, ipsos pariter Anglos, fecerunt impetum: et

5

Marylandiae quidem Praefectum cum aliis pluribus, pacta certis conditionibus salute, in deditionem acceperunt. Verum violatis perfidi conditionibus, 4 ex captivis et quidem tres ex illis catholici, summo Religionis odio sunt trajecti plumbeis glandibus. In nostras ades irruentes, impostores, ut appellabant, ad mortem deposcebant, certam deprehensis carnificinam intentantes. Caeterum Patres ante ipsorum ora, Deo protegente, cymbalâ ignoti praetervehebantur; libri, suppellex, et quidquam domi erat, praedonibus cessit. Ipsi cum universae paene rei familiaris ac domesticae jacturà, magno etiam capitis adito discrimine, clam in Virginiam delati, in summa rerum necessariarum inopia, vix et aegri vitam tolerant. Tuguriolum incolunt vile, humile ac depressum, non multum absimile cisternae, aut etiam sepulchro, in quo magnum illud Fidei propugnaculum, S. Athanasius, plures annos latitavit. Ad caeteras ipsorum miserias, et illud accessit incommodi, quod quidquid hoc anno solatii, aut subsidii, stipis nomine, a piis in Anglia hominibus destinatum fuit, interceptaque vehebatur navi, malè perierit. (93.) Sed nihil illos aegrius habet, quam quod ne vini quidem quod satis sit ad altaris mysteria conficienda suppeditet. Famulus illis nullus vel ad domesticos usus, vel ad iter per ignota et suspecta loca dirigendum, vel etiam ad cymbam, si quando usus sit, propellendam ac gubernandam. Saepe per spatio-

sa et vasta flumina alteruter eorum, solus et incomitatus, longinqua navigio metitur ac remittitur
spatia, non alio cursum regente Navarcho quam
Divina Providentia. Jam et hostis absit et illi
Marylandiam remigrent, quae a suis pridem perpessi sunt, et quae adhuc imminent, non multo
sunt tolerabiliora.

A. D. 1669. Missionem Marylandicam excolunt
è nostris sacerdotes duo, tertius in aestu laborum et
messis P. Petrus Mannerius, improviso e medio
sublatus est, non minori incolarum luctu quam
jactura, tum quia regionis temperie jam sexennio
occaluerat, tum vel maximè, quia vir erat Apostolico spiritu plenus, quique magna meditabatur;
cujus virtutes cum jam in elogium mittendum digestae sint, pluribus hic supersedeo. Ad resarciendum hoc damnum missi nuper sunt hoc autumno
alii sacerdotes duo cum coadjutore temporali, (94.)
qui duobus ibi praeexistentibus annumeratis, Missio illa constabit ex 4 sacerdotibus et coadjutoribus
temporalibus tribus.

A. D. 1670. In hac missione tres sunt sacerdotes et totidem adjutores temporales. Hoc anno
memorabile quiddam accepimus, quod etsi multis
abhinc annis ibidem contigerit, et verisimile sit in
Annales nostros superiorum temporum relatum
esse, quia tamen hoc ipso anno a nostris huc perspectum est, etiam authentico testimonio oculati
testis et notarii publici confirmatum, visum est hic

rem breviter saltem attingere. Hoc anno praefari
tamen me oportet esse, scilicet hoc in more positum
institutoque Catholicorum qui Marylandiam incolunt, ut tota nocte 31? Julii, diem S. Ignatii memoria sacrum consequente, festo tormentorum sono
Praesidi suo tutelari et Patrono Sancto gratulentur.
Anno itaque 1646, solennis sui moris memores,
peracto anniversario Sti. Patris die, etiam noctem
ejusdem venerationi continua tormentorum explo-
sione dicatam voluere. Illo tempore in confiniis
loci quidem milites agebant, (95.) reipsa injusti
praedones, genere Angli, cultu heterodoxi, qui anno
superiore navibus advecti Coloniam fere totam armis invaserant, diripuerant, incenderant; deinde
sacerdotibus abductis, ipso etiam Gubernatore in
exilium pulso, in miseram servitutem redegerant.
Illi in Arce quadam munita, defensionis sui causâ
extructa, praesidium habebant, quinque circiter mil-
libus passuum a coeteris dissiti: sed nunc nocturno
bombardorum fragore exciti, postridie, id est primo Augusti die, cum armis advolant, in aedes
Catholicorum irrumpunt, et quidquid armorum
aut nitrati pulveris inveniunt, diripiunt. Cum
tandem aliquando praedando finem fecissent, jamque abitum adornarent, unus ex illis gregariae
sortis homuncio, et scurra non tantum illiberalis,
sed etiam blasphemus, ausus est vel ipsum Igna-
tium foedis dicteriis, factoque foediore lacessere.
In malum crucem, inquit, abite Papistae, quibus

cordi est vestro Sanctulo displosis bombardis ap-
plaudere. Mihi quoque bombarda est, et ego illi
plausum dabo, tam misero Sancto aptum magis et
congruentem. Hoc dicto, honor sit auribus, sonoro
crepitu insonuit, et abiit, gregalibus ejus petulanti
cachinno arridentibus. (96.) Sed care misero stetit
impia et inimica scurrilitas. Nam vixdum ad du-
centos passus inde processerat, cum intus commo-
veri sibi viscera sensit, seque ad secessum sollici-
tari; et iterum altero tanto viae confecto, secendum
illi fuit, querente de inusitato ventris dolore, cui
similem in omni vita haud unquam senserat. Itineris reliquum, quatuor nimirum millia passuum,
navi confectum est; quo spatio saeva viscerum tor-
mina ventrisque profluvium saepius illum exscen-
dere coegerunt. Ad arcem appulsus, prae nimio
dolore, vix sui compos, modo se humi volutat,
modo in scamnum stratumve se projicit, horrenda
voce usque exclamans: ardeo, ardeo, incendium est
in ventre, incendium in imis visceribus. Praesida-
rii deploratam sui commilitonis sortem miserati,
illum denuo cymbae impositum trans flumen deve-
hunt, ad quendam Thomam Hebdenum chirurgicae
scientem. Sed malum longius processerat, quam ut
ab arte liniri, nedum levari posset. Interea ex ore
miselli haud aliud audisses, quam illud notum et
ferale carmen, ardeo, ardeo, incendium, incendium.
Postero die, qui fuit Augusti secundus, ingraves-
cente in horas intolerabili dolore, (97.) ipsa coepe-

runt ilia posticâ parte affluere. Tertio autem
Augusti, intestinorum segmina majora, quorum
hæc pedem, illa sesquipedem, alia tres pedes longa
fuere, furibundus et rugiens ejecit. Quartus denique dies sentinam totam exhausit, sic ut nihil
præter abdomen inane et vacuum reliqui fecerit.
Diem tamen quintum superstes orientem vidit,
quando videre et vivere infelix desiit, exemplum
posteris futurum vindictæ divinæ mortales com-
monentis: "discite justitiam moniti et non tem-
nere divos." Defuncti intestina ad plures menses
è palis suspensa innumeri spectaverunt, adhuc su-
perstites: inter quos et ille qui testimonium per-
hibuit de his, et oculis vidit, et manibus tractavit
nigricantia et quasi flammis adusta viscera moder-
ni hujus Judæ, qui et ipse suspensus eripuit me-
dius et effusa sunt omnia viscera ejus.

A. D. 1671. Missio Marylandica quatuor habet
sacerdotes et coadjutores temporales duos. Missio
hæc prosperè succedit, ut ex proximis literis accepimus, et messem refert non mediocrem, majorem-
que redderet, si plures (98.) eam colerent operarii.
Ex iis qui posterioribus annis eo missi sunt, pauci
admodum supersunt, reliquis funere sublatis, quorum e numero hoc anno fuere P. Gulielmus Pella-
mus, et Thomas Sherbornus coadj. temporalis. In
hac missione adducti sunt ad Catholicam fidem
quinquaginta, e quibus multi primariæ notæ. Baptizati vero quinquaginta quatuor, et viginti acceptæ
confessiones Generales.

A. D. 1672. Missionem Marylandicam duo excolunt sacerdotes, quibus juncti sunt ad rerum temporalium ac domesticarum curam totidem coadjutores. Numerantur ab ultima ratione reddita ad Ecclesiam adducti septuaginta quatuor. Baptizati centum. confess. gener. exceptae 20. A. D. 1673. Hoc anno duo sacerdotes et unus coadj. hic versantur. Illi in confirmandis in fide Catholicis, ac pietate imbuendis, operam praecipuè collocant. Sed et cum haereticis etiam ex occasione agunt, atque ex his 28 Ecclesiae aggregarunt. Infantes vero ad septuaginta per sacrum Baptisma Christo genuerunt. Caeterum in partem laborum et messis duo Patres ex S. Francisci familia altero anno ex Anglia missi, ingressi sunt, (99.) quos inter nostrosque ac necessitudinis officia in commune rei catholici bonum mutuo exerceentur. A. D. 1674. Missio tres habuit socios, sacerdotes 2, unicum coadjutorem: Hic quidem rebus temporalibus invigilat: illorum vero opera triginta quatuor ad fidem et Ecclesiam Catholicam adducti sunt. Baptizati 75. Confessiones gen. except. 7. A. D. 1675. Proximo exeunte Autumno novo incremento aucta est [Missio] quatuor Sociorum, duorum Sacerdotum nempe, totidemque coadjutorum qui sub finem Octobris cum Regia classe Londino solverunt, quos omnes salvos et incolumes ad eas oras appulisse ex literis P. Fran. Pennington accepimus, qui tamen affirmat, Socium suum P. Nicolaum Gulichium, qui in navi gravem morbum contraxerat, graviter etiamnum laborare, verum minimè de ejus salute dubitari. Quem vero fructum in vineæ hujus cultura retulerunt nostri, nondum intelleximus.

(100.) A. D. 1677. Missio Maryland. numerat 6 socios, aucta nimirum est, sub finem anni duobus sociis, altero sacerdote, altero coadjutore Laico. Hinc e vivis dicessit Franciscus Knatchbull coadjutor temporalis. Admissus hic est in Societatem Walteriis 20? Nov. 1671, ac dum in Tyrocinio adhuc esset, magno zelo missionem Marylandicam expetiit, quam tandem obtinuit sub finem anni 1674, in qua tamen non amplius biennio licuit illi superasse, 6 enim Januarii ineuntis anni morte sublatus 1677.

CORRIGENDA.

Page 11, 21st line, for *puis*, read *pius*.
Page 12, 9th line, for *sino*. read *sinu*.
Page 13, 5th line, for *paragi*, read *peragi*.

NOTES.

Page 114 of F. PUBLICATION, No. 7: Note 28, p. 51, is incomplete: there should be added the following :

At Georgio non licuit per breve commorationis tempus in Virginiâ A. D. 1628, res propriis oculis videre, sed solum audita colligere.

Voluit enim dux itineris, colouiæ quam in Marylaudiam deducere cogitabat, programma vel prospectum proponere, quo regionem describebat ex diversis peregrinorum relationibus, ut colonos iuvitaret et alliceret ad experimentum tentandum. Fides, igitur, narrationi adhibenda, est penes testes ex auditu, vel fortè, si ex visu, res modo peregrinatornm amplificavere.

But George on account of the brief duration of his stay in Virginia, in the year of our Lord 1628, could not have seen things with his own eyes, but could only have collected the Reports of others.

For the leader of the expedition chose to set forth to the Colony which he intended to lead to Maryland, a manifesto or prospectus, in which he described the country according to the various accounts of strangers, in order to invite and attract colonists to try the experiment. The credit to be reposed in the recital, therefore, must be such as is given to witnesses by hearsay, or if they were eye-witnesses, they exaggerated things after the fashion of travellers.

P. 52, F. PUBLICATION, No. 7: bis centuplò semen reddat. . . .
Hæc verba utique non intelligenda sunt de *Tritico*, sed tantùm de *frumento Indico*, (Maize.) Nihilominùs, nullibi regionis

6

illius ternæ dantur Messes frumenti Indici, neque reddit unum granulum grana 1600, sed ad summum 300: procul dubio hæc fuerit amplificatio Smithiana.

The seed yields two hundred fold. . . .

These words are certainly not to be understood of wheat, but only of Indian corn. Nevertheless, Indian corn does not produce three crops a year anywhere in that country, nor does one grain yield 1600, but at the most 300: doubtless this must have been one of Smith's exaggerations.

The following are to be Noted. Fund Publication, No. 7.

P. 11, line 11, *for* celoris nostri, *read* celocis nostræ

12, " 9, Sabbatum, *should be rendered* Saturday.

15, " 14, *for* maleficas, *read* maleficos.

16, " 11, *for* Exomo-expiare, McS. *has* exomologesi.

18, " 3, *the blank is supplied in* McS. ms. *by* Siom.

18, " 5, *for* prætervecti, *read* prætervectis.

20, " 19, *after* diligentibus, *supply* Deum.

21, " 17, *for* (Sparorum,) McS. *has* Spanular.

22, " 18, Dominus *should be rendered* Mr. not Lord.

25, " 10, *for* Berberia McS. *has* Berberin.

25, " 22, *for* fructa *read* fructu.

26, " 19, *for* Gnacia McS. *has* Gnacear.

27, " 6, *for* aperosiore *read* operosiore.

29, " 20, *for* marescat *read* marcescat.

48, " 8, *after* gradum *add* in Aquilonem.

50, " 14, *for* simagma McS. *has* sinegma.

50, " 21, *for* Mesamini McS. *has* Mesamines.

Pp. 34, 35, F. P. No. 7. Henry Fleet.

Captain Henry Fleet was well acquainted with the Patowmac River and the Indians dwelling upon its banks. In Neill's

" Founders of Maryland " is published his " Brief Journal of a voyage made in the Bark Virginia, to Virginia and other parts on the Continent of America," in 1631. He was a member of the first General Assembly of Maryland, held at St. Marie's, January, 1637, o. s.; and his name is entered as Capt Henry Fleete, gent. of St. George's hundred. For an interesting account of Captain Fleete, see Streeter's " Papers relating to the Early History of Maryland," pp. 65–92.

The Latin word " Tayacus," which appears several times in this Supplement, viz : p. 6, Tayacum, p. 7, Tayaco, p. 11, Tayacus, p. 12, Tayaco, p. 13, Tayaci, p. 15, Tayaco, p. 27, Tayac, is always translated by Dr. Brooks, (see F. P. No 7, pp. 63, 64, 66 bis, 69, 83,) Tayac. This translation makes Tayacus to be the personal name of the Emperor of Piscatawaye, whereas it is the Indian name of his official rank or dignity. A comparison of the statement of the author of the Letter on page 7 of this Supplement, (page 64 of the F. P. No. 7, where Impera-tores should be rendered Emperors, not Rulers,) especially where the difference between the authority of a King and a Tayac is explained will show this, we think, conclusively. The translation, therefore, of "quanquam Tayaco," p 7, line 23, should be, not as in Dr. Brooks' translation, (p. 64, P. F. No. 7,) "though Tayac," but though a Tayac. In the other places referred to above, the correct signification will be given by prefixing the, e. g. " the Tayac," &c., &c.

Moreover, p 16, line 2, the personal name of the Tayac was " Chitomachen," for which, at his baptism, was substituted his Christian name, " Charles " And on page 22, after the death of " Magni Tayaci " (the great Tayac) his successor at Piscatawaye is not styled Regina but " Imperatrix." (? Tayaca)

The following interpretations of Indian Names of Places, &c., found in F. P. No. 7, have been kindly furnished by the Reverend Missionary referred to in the Preface. He does not give them as certain and positive explanations, but only as probable conjectures of their true meaning.

1. (Potomac.) Patomeack, p. 31, Attomeck, p. 49, Patemeak, p. 81.
The apparent meaning of these words has relation to fishes (small fishes). It would be spelled in Odjibwe, Botòmeg. Botò (Plural Botò-iag) means *tadpoles.*-meg, in composition means *fish:* therefore the word Botòmeg (Potomac) would signify swarms of *young fry, newly hatched.* In confirmation of this supposition is the varied form, Atto-meck = in the Odjibwe language to Atawameg. Ato, contracted from Ataw (Atwa) means *turning side-ways, &c.,* &c.-meg, *fish,* as above. Hence *small fishes turning side-ways, when playing in the waters, on calm and sunny days.* The general meaning would be—*the River full of swarms of small fry,—where fishes spawn in shoals.*

2. Archihu, p. 33: it may be the equivalent, of the Odjibwe word, Wädjiu, mountain.

3. (Piscatawaye) Pascatawaye, p. 34. This word in Odjibwe is spelt Bisk-àt-äwe. Bisk *means to fold up and to tie in a knot.*-ätä in composition is generally applied *to fibrous capillary tissue, wool, hairs, &c., and also to the hairs of the human head, when fixed in a particular manner.*-äwe, *to have, to be in the state of having.* Hence Biskätäwe means *one who has his hair plaited or twisted up side-ways and backwards.* See the Indian manner of wearing the hair, p. 38, F. P. 7.

We have another instance of a similar fashion among the great tribe of the Ottawas, whose name is derived from Od-ata-we-wad, *those who have their hair tucked up on the front of the head.*

Hence their appellation by the early French traders of the "*nation des cheveux relevés.*" Likewise they called the Hurons, on account of having their hair arranged in such a way as to represent the bristles (*la hure*) of a wild boar's head.

4. Yaocomico, p. 36. This word is spelled in Odjibwe Aiagomo-ogo ; it is formed of Ăgo (contracted from Ăgwi), *to stick to,-upon, to rise, to stand upon.* A-i-ago, the first *a* is the sign of reduplication, *i* is euphonic. 1ᵃ *m* is the stem of the personal pronoun, 2ᵃ *ăm* in composition means *water.*·ŏg'o in composition means *waces,* the motion of *waves agitated, &c.*

Therefore the word A(i)-ăgŏ-mo-ŏgo, means *he that is floating on water, tossed to and fro.*

5. Susquehanoes, p. 37, Susquehannocks, p. 128. In Odjibwe, Săskwē-ăn-og. Săs-k, means *rubbing, sweeping, grating,* &c., k is the sign of prolongation. -we in composition, means *sovnd, voice, &c.* -ăn in composition, means the *effect produced by the waves agitated by the wind* -og is a plural animate termination. Hence Săs k-wē-ăn-og, *those who live in a place where the surf is heard beating (grating) on the shore.*

6. Ponc. Omini, p. 39. In Odjibwe po-n-ăn, in composition, means *food,* &c.

O-mini, means *grain, berry, corn, &c.,* the meaning might be, *a pottage made with grain.* Omini (Hominy) is in fact made of maize broken, and boiled soft. (Ed.)

7. Ya-ho! Yaho! p. 42. Taho! Taho! p. 121. These are interjections of *surprise, joy, admiration,* also of *indignation* or *astonishment.* The former is spelt in Odjibwe, Niăh! and is proper to the women and girls only. The latter in Odjibwe Taiăh! or Ataiăh! is peculiar to men and young men only.

8. (Chesapeak.) Cosopeak, p 31, Chespeack, p. 48.

(*a*) Cosopeak, seems to be the Odjibwe—Gŏns-ăbig. Gons —means *swallow up, to be swallowed up,* properly and figuratively.-äbi-g means *water*, and with the affix *g*, *on the surface of the water.* Therefore Gönsäbig might mean a *sheet of water extending through the land*, (in French, une baye qui s'enfonce dans les terres,) probably on account of the long extent of the bay.

(*b*) Chespeack would be spelled in Odjibwe, Tchissäbig, or Jejeäbig.

Tchiss means in Odjibwe *an object with a sharp point, pointed.* Hence they call a turnip tchiss on account of its form. They also use the same root to signify *piercing sharply, pricking with a sting.*-äbig, as above. Therefore the meaning would be, a *Bay going at the bottom into a point—a long sheet of water, wide at the opening and straitened at the bottom.*

If the spelling be Jej(e)äbig or jeshäbig, then it would mean *lengthening, stretching out, opened, to set open.* -äbig, as above. Therefore jeshäbig would mean *a sheet of water opening more and more—wider.* Probably from the aspect of the Bay, seen from the mouth of the Potomac. The two meanings would vary according to the situation, from which the Bay is looked at, either from the offing or from the bottom.

9. Mesamini, p. 50. Chesamines, p. 124. The words are spelt in Odjibwe Misamin and Tchissamin.

(*a*) Misa, more commonly Mitcha, and under another form Manga, means *large, big, bulky.* The same root as in the word Misisibi (Mississippi), Large River.

(*b*) Tchesamines, in Odjibwe, Tchiss amin-ins, diminutive termination (*vide* above,). min, the radical meaning is *separation, division, split into parts,* v. g. a grape is a fruit divided into separate berries; the same may be said of ears of corn, wheat, oats, currants, &c., all of which, in Odjibwe, is expressed by the termination, min.-miness *the thorn bush berry.* The meaning is a *large, big berry, or a berry having a pointed shape, or a kind of thorny bush-berry.*

10. Metapawnien, p. 63. Mettapanient. Mattapany, p. 127.
The word in Odjibwe is spelled Mad-ābāning Mádāb.
Mādā means radically *to be wet, soaked, steeped in water,*
or *with vapor, steam, dew, &c.*, e. g. Madodo, *he takes
an Indian vapour-bath :* Madone-wabik, *the heated stone
plunged into water to procure vapour for that bath.*-ābān,
at or to, or on the water. Therefore the word Mādābān,
means *the road, path, terminating to the water of lake,
or river;* and Mādābān-ing (at) *at the place where the
path out of the forest terminates at, or reaches, the
water.*

11. Macquacomen, p. 63. In Odjibwe it is spelled Mākwāgomin,
by abbreviation Mākwo-min. Makwa, (Makwo *a bear,*)
probably means *curve, curvated, bent, gathered up into a
ball*—from the state in which the bear winters in its den.
-min, (see above,) the meaning is *the bear's berry, sorb,
service berry.*

12. Patuxent, p. 63 : Patuxen, p. 80. Perhaps it might be Po-
tuxent—for Potu(x)end, which in Odjibwe would be Potu
-enda. Potu (*tobacco powder*).-enda, for endad, which
comes from the root dā, and means *to stay, dwell, abide
permanently, to have his home somewhere.*
Therefore the meaning would be : *The place where grows
the Potu,* (Tobacco.)

13. Uwanno, p. 65. In Odjibwe *wawono*, by contraction *owono*,
to howl like the wolf, owl, &c.

14. Chitomacheu, p. 74 ; Chilomachan, p. 128 ; Chitomochen, p.
16, Sup. The first word perhaps is to be spelt, as in
Odjibwe, Atchitamadjiwe, *he that comes down along a very
steep mountain, or he that comes down a mountain head-
long.* If only Atchitamadjiw, it would mean *a very steep
mountain.* Chilomachan would be a *variante. The re-
sounding mountain,* perhaps on account of some echo.

15. Anacostans, p. 76. Anacosta, p. 128. It may be for Nanak-
wita, (Nanaköita) *one who prepares himself for self-
defence, to resist an attack.*

16. Pamake. Pamac, p. 82. The former word would mean *an
opened country, where one can go hither and thither,
without difficulty.*
17. Portobacco, p. 82, is for Potu-băgo. Potu, *tobacco,* băg, on,
Leaf, leaves,— Tobacco-leaves.
18. Mosorcoques, p. 128, means probably the *Elk, (female,)
woman, girl.*
19. Kittamaquindi. Kittamaqundi, p. 127, in Objibwe, is spelt
Kitamagwinde, (Kitāmagoinde,) *what is floating deep,
solidly in the water.*

E R R A T A.

P. 21, line 6, (80.) should be (81.)
P. 22, "   1, (81.) should be (82.)

www.ingramcontent.com/pod-product-compliance
Lightning Source LLC
Chambersburg PA
CBHW032133080426
42733CB00008B/1049